Cruzando

Portada: Anna Peter

Primera edición 2020
©Jaquelin Fematt Dutson
chiringapress@gmail.com

ISBN 978-1-61012-044-9

Cruzando

Jaquelin Fematt Dutson

Chiringa Press
Seguin, Texas 2020

A mi hijo William

Agradecimientos

Le doy gracias a la vida por haberme dado la oportunidad y el privilegio de transitar por múltiples mundos. Desde que recuerdo siempre he vivido con la mochila empacada para cruzar por aquí y por allá.

Mi más profundo agradecimiento a los que me han tomado de la mano para caminar junto a mí. Gracias a mi familia, a mis muchos maestros y en especial a Ana María González por abrirme tantas puertas.

Agosto de 2021.

Cruzando

Vienes de la Zona del Silencio
donde las estrellas norteñas
serenan a la Sierra
Madre Occidental
Sueñas con un Nuevo Ideal
que te transporta
al Espinazo del Diablo
para poder cruzar
Has seguido los pasos
de la Tierra de por acá
donde te brota una lágrima
sin poder parar
Has atravesado el desierto
de aquí y de allá
y devorado al Río Bravo
con sorbos de Libertad
Vienes de las Barrancas,
de la Tierra del Cobre
más allá de la montaña
caminando vas

Eres

Para mi madre, Blanca Estela

Eres
el canto
de una alondra
que me da el amanecer
Eres
el abrazo
de un fresno
a punto de florecer
Eres
la péndola
que sopla el viento
que vengo a acoger
Eres
el hilo
de la palabra
que yo quiero tejer

La palabra incomprendida

La palabra incomprendida
va implorando al voltear,
entre signos y significantes por igual

Ser

Eres
Sangre, silencio
Desdén
Soy
Pluma, memoria
Sed

Lágrimas de papel

La lluvia cae sobre las alas tiesas
desplomando lágrimas de papel barnizado
¿Cómo detener los chorros que escapan
secretamente a un lago enjaulado?
Mas se oye el lloriqueo de las hojas marchitas
que una por una vienen a rezongar
Tú no sabes que lo que tanto gritas, palomita
ya nadie lo puede siquiera escuchar
Pero las viejas gotas se te escapan
y no las puedes siquiera tocar
y las plumas rotas mil veces te llaman
diciéndote que deberías mejor volar

Si la Palabra

Si la Palabra es voz, discurso, libertad
¿Por qué entonces se ahoga
en la telaraña
que no puede desembrollar?
Cuesta abajo, trabajo
de tan pesada carga
se cansa el enunciado
de tanto tartalear

La voz

La voz
Susurra entre los ecos
de un discurso programado
La voz
Tambalea hacia el rompecabezas
del ente imaginado
La voz
Retumba a través de cristales
sobre el horizonte forjado

Aprendiendo

Estás aprendiendo
sílaba por sílaba
su nombre
como una canica atascada
en el esófago
queriendo retroceder
Vas armando
el retumbo de lo que dice
como un retruécano
que no quiere que descifres
por temor
a que puedas saber
Estás tachando
su sello
en el retrato que garabateó
sobre este cuadro
aterciopelado
de caricaturas deformadas
Te vas lavando
la boca
con su imagen borrosa
en la página rota
que hizo
de ti...

La Casita

En una tempestuosa primavera
cayó la niebla sobre el umbral
de una casita vieja
flotando
entre la brisa que sopla el mar
En esta somnolienta primavera
cae la niebla sobre el umbral
de esta casita vieja,
tan vieja...
como aquella de por allá

El Cenzontle

El viento canta
El Norte crepúsculo
brilla sin cesar

MalEstar

Yaces
en el pozo apestoso
en camisa de fuerza
impuesta por el torbellino
de la temporada
que te atascó
Asco
en el cosquilleo
de la garganta engrapada
por el billete empapado
que la tormenta
te embarró
Arma
estas moscas
que vienen a probar
y una por una quieren entrar
al encarcelamiento
bucal
Sientes
grapas brotando,
pedazos de lengua
chiclosa
desmoronándose
con cada chupar

Canto en primavera

Para Antonia Saucedo Femat

Vas cantando por el campo en una radiante primavera
Respirando el perfume de los jazmines y el girasol
El lucero pincela a jacarandas nutriendo al picaflor
Y tú gozas en tararear como un inútil silbador
Los agudos y tontos sonidos que intentas armonizar
Solo chocan con las olas que te deleitas en escuchar
El viento sopla una hermosa dulzaina para danzar
Las nubes dibujan las dulces aguas del sereno mar
Las majestuosas gotas celestiales al saborear
Son como notas musicales de agua de almíbar
Parece que escuchas a la cantarina alondra
Seguramente aquí a una semilla vino a buscar

1, 2, 3

1, 2, 3
Yo te conozco desde siempre
Pequeña
Esas manitas tiernas
me reflejan años atrás
1, 2, 3
Vivíamos en la casita blanca
con verdosas plantas
que a ti te gustaba
arrancar
1, 2, 3
Jugábamos en el campo de flores
con tantos colores
que no queríamos
nunca dejar
1, 2, 3
En un día te enseñé a contar,
te ayudé a volar,
y de ti aprendí
a soñar
1, 2, 3
Hoy te quiero recordar
como aquella niña
que se escapa
cada día más

El cempasúchil

Respira
el alma
Fulgor

La semilla
que el sol
sembró

El Fruto
decora
al más allá

La ilusión
que el colibrí
Resucitará

ConCiencia

El silencio canta la noche aurora sobre la cuna de mi pensar,
Envolviéndome en la vieja ola de lo que fue y lo que podrá
Gritos de una amarga llorona se acercan ahora al ventanal,
Suspiros que corren huyendo a una inocente seguridad

Se vive

Se vive de remotos recuerdos
de tierras lejanas y desconocidas
Se vive de encantos y de amores
de tiempos pasados y sus avenidas
Se vive del hoy que amanece
de las palabras y miradas lindas
Se vive del cuerpo y del alma
del presente que siempre ilumina
Se vive de hermosos sueños
y de dulces glorias compartidas
Se vive de profundos deseos
del mañana que temprano transita

Revuelto

Me he vuelto a revolcar
en el lodazal que emerge de un nopal
frente al llano
Me envuelvo de pencas
- de biznagas doradas y trenzadas
- bajo el cielo vasto
Ahí caída existo
en silencios, en ecos
en discursos nombrados
Me gusta el alboroto que hago
en la soledad…
en el bullicio encantado
Me revuelvo, me unto, me trago
los pétalos colorados
del tallo ensangrentado
Y me bordo un vestido con los estambres brotando
llorando a mis hijos
que han nacido en otro lado
Cruzo el río y escupo las semillas…
Me despierto frente al mar,
y atragantada en la arena… me levanto

Siendo

Hoy te despertaste soñando
"Monarca mariposa"
A tus alas has bautizado
Historia e Ilusión
A cuántas tierras has volado
A cuántos lagos has atravesado
Y la ruta que vas dejando
es ahora tu ubicación
Eres en el viento y en la marea,
en la montaña y en el cañón
y este tramo que vas cruzando
es la trama de tu composición

El canto

Para la Dra. Grañén Porrúa

La tormenta de aquella noche interrumpida
por el cantar de la añorada melodía
que una voz esplendorosa
desde el cielo nos vino a despertar
Muchos años han pasado
desde esa adorada sinfonía magistral
y fue en la gran Casona de las nubes
donde a la balada pudimos rememorar
Nos arropamos con las colchas planchadas
tejidas en telar de cintura
y con los almohadones bordados
por una artesana de Juchitán
Saboreamos el tejate de doña Nata
en una jícara roja pintada
murmurando las plegarias
para la nostalgia algún día apagar
Tarareamos la Palabra atesorada
que en zapoteco se recitaba
pincelada en papalote de coyuche
que en el aire siempre está
Canción Mixteca
Arrancarnos de ti no podemos
Ni mucho menos del recuerdo
de tu canto ancestral

La ilusión nos has revelado
y la manda que te debemos
por ese himno en el viento
jamás te la podremos pagar

Desde aquí

Hace tiempo que te dibujo
en el instante
en el deseo del ahora
retardado
Te pinto
en el espejo
quebrantado
como un retrato cubista alargado
Guernica, Don Quijote imaginado
Gaudí, Miró, Picasso
Eres el rompecabezas
que yo armo
en un lienzo
tallado
sobre un cristal
ahumado

Hijo

Hoy me soñé cantando
el recuerdo de mi niño
que me regaló el amanecer
Y en esta madrugada
me arropa una lágrima
que me viene a enmudecer

La uvita

Andas
por los surcos empapados
cargando la semilla melodiosa
entre los robustos brazos
que quieren brotar
Cruzado
tienes el camino
sobre las ramas verdosas
que en la barriga
reposando están
Te tocas
descubriendo la redondez
del inmenso fruto
que en este nuevo día
te viene a alimentar

1965

Para Antonio Armando

El gallo cantó
a las cuatro de la madrugada
sobre una casita azulada
de una hermosa Hidrocálida
donde vivían los hijos de don Melchor
En la central camionera
su camino empezó
Una quinceañera y su hermano mayor,
agarrados de la mano
iban los dos
Ya en Guadalajara
a Antonio los pasaportes le dio
una dama encantada
pidiéndole el peso
que le faltó
"Espéreme señorita
No me demoro más
En quince minutos
le prometo
que le vengo a pagar"
El joven Toño
su chamarra se llevó

y a un angelito se la vendió
"Es para El Norte", le susurró
"Regálame hijo, mejor una oración"
El intercambio se hizo
con fruto y devoción
Y el joven Toñito
con sonrisa de triunfo
los papeles pagó

Pasaporte

Ayer te tragaste
el pasaporte escondido
entre el tronco
de un olivo
donde plantaste
un cultivo
de sueños y tormentas
que hoy te quieren arrebatar
Ahora bajo la sombra
del árbol florecen
infinitas alamedas
que te vienen
a alumbrar
y las hojas verdosas
que ayer te devoraste
dentro de ti crecerán

La niña

Para Angélica

Te recuerdo
soñando
entre la sábana
deshilada
con estampados
de mariposas monarcas
que la abuela Andariega
hace años
bordó
"Mami, ¿me va a llevar
la migra, verdad?"
"No, mi preciosa,
ya acuéstate
a dormir"
Y sobre los hombros
llevabas
la capa almidonada
intentando al cielo,
poder subir
Entre suspiros
me despertabas
Con tus aleteos
me mostrabas

los estambres anaranjados
revoloteando por fin
"Y es que tuve
una pesadilla,
Mamita
de que vino
la migra por mí"

La Chamaca

Para las Mujeres de Ciudad Juárez

Fue en un poblado caluroso
A las tres
de la madrugada
cuando el teléfono
sonó
La Chamaca no ha venido
La Chamaca
desapareció
Me lo dijo doña Chencha
Me lo contó Eleonor
Vamos a buscarla
en la Presa
y por la Estancia de la Asunción
Hay que avisarle a doña Martha
por si esta vez se ahogó
Eran las diez
en punto
cuando dos bultos sintió
y la Chamaca que gritaba,
el aliento se lo arrebató
Ay Chamaquita
con ojitos de ilusión
Ay Chamaquita

Con el corazón p...a...r...t...i...do
Yo te dedico esta canción
Que me oiga el mundo entero
que ahí La Chamaca se soñó
Que me oiga el Arroyo del Navajo
que aquí La Chamaca
Violentada quedó
A doña Martha la escoltaba
un desfile al panteón
"Ni una más"
reclamaban
al son de un acordeón
Y allí en la tumba se formaron
peregrinas como yo
porque en esa lápida
dice "Nuestra Chamaca
Asesinada Murió"

Alumbrante

Se despertó Alumbrante
flotando en un pantano
encendido
de ilusión
Cargando sueños
que construía
cuando el chaparral
explotó...
Chanclas
arrojadas
camisas destrozadas
entre las aguas sopló
El humo la detuvo
por el cruce
que ardía
y la sofocó
Alumbrante se llamaba
Alumbrante le decían
Alumbrantes
nos dejó

Fortaleza

Para mis hermanos de El Paso, Tejas

Nos llegó de fuera

el intruso mortal

Con su arma de fuego

empezó a disparar

Y los héroes salían

por aquí y por allá

Arriesgando la vida

para a un alma salvar

No te escondas ingrato

Conocemos tu antifaz

Ahora dale la Cara

a semejante atrocidad

Quebrantados nos soñabas

Cruzando todos por igual

viviremos siempre abrazando

a la bandera de la humanidad

Quiero

Quiero probar la gota del habla que germina
en el manantial de voces
que hacia la dignidad nos encamina

Contenido

Cruzando 9

Eres 11

La palabra incomprendida 13

Ser 15

Lágrimas de papel 17

Si la palabra 19

La voz 21

Aprendiendo 23

La casita 25

El Cenzontle 27

MalEstar 29

Canto en primavera 31

1, 2, 3 33

El cempasúchil 35

ConCiencia 37

Se vive 39

Revuelto 41

Siendo 43

El canto 45

Desde aquí 47

Hijo 49

La uvita 51

1965 53

Pasaporte 55

La niña 57

La Chamaca 59

Alumbrante 61

Fortaleza 63

Quiero 65

www.ingramcontent.com/pod-product-compliance
Lightning Source LLC
Chambersburg PA
CBHW021912040426
42447CB00007B/819